Latein für Alle
Lebenslagen

Capt. Swings
geheime Bibliothek

Bibliografische Information der Deutschen Nationalbibliothek Die Deutsche Nationalbibliothek verzeichnet diese Publikation in der Deutschen Nationalbibliografie; detaillierte bibliografische Daten sind im Internet über www.dnb.de abrufbar.

© 2021 by Melanie Koßmann
Herstellung und Verlag:
BoD – Books on Demand, Norderstedt
ISBN 9 783755 700265

Inhalt

Für den Anfang

Latein ist eine alte Sprache, eine tote Sprache, eine Sprache für Akademiker[1], die sich damit wichtig tun. Wozu Latein? Nun, um sich auch wichtig zu tun? Oder die Wichtigtuer zu verstehen und ihnen vielleicht sogar Kontra[2] geben zu können.

Aber auch in unserem heutigen, modernen Leben tauchen immer wieder lateinische Begriffe auf, sind sozusagen Teil unserer Alltagssprache geworden. Es ist doch gut, diese zu verstehen.

Das erste Kapitel[3] ist dem Einsteiger gewidmet, der sich durch Inschriften, Fußnoten und Redewendungen kämpft. Schluss mit den verständnislosen Fragezeichen im Blick. Wir helfen Dir auf die Sprünge. Oder, wie der Lateiner sagt:

Prudentia potentia est!

Wissen ist Macht

Seneca

---

[1] **Akademie** f.aus lat. Acadēmīa, griech. Akadḗmeia (Ἀκαδημία), dem nach dem Heros Akadēmos benannten Hain bei Athen, der 385 vor bis 523 nach u. Z. Sitz der platonischen Schule war.

[2] **contra** aus lat. gegen, entgegen, wider

[3] **Kapitel** lateinisch capitulum = Köpfchen

Tabula rasa

Ein leeres Blatt

tabula „Tafel" und rasa „geschabt", radere „schaben" bezeichnet ursprünglich eine wachsüberzogene Schreibtafel, die durch Abschaben der Schrift geglättet wurde und wie ein unbeschriebenes Blatt neu beschrieben werden kann.

In der Philosophie wurde mit dieser Metapher die Seele in ihrem ursprünglichen Zustand bezeichnet, bevor sie Eindrücke von der Außenwelt empfängt. Mit der Redewendung Tabula rasa (machen) wird in anderen Zusammenhängen ein radikaler Neubeginn angesprochen.

In medias res

Direkt zur Sache

Der römische Dichter Horaz lobte den Erzählstil des griechischen Dichters Homer, er führe die Zuhörer gleich zu Beginn ohne Umschweife „mitten in die Dinge", also in die Handlung ein. Der Begriff wird auch verwendet, wenn es um die genaue Darstellung eines Sachverhalts geht.

Ad acta

Zu den Akten

Heute: „etwas ad acta legen" – etwas abhaken, als erledigt betrachten.

Ad hoc

Hierfür

Bedeutet „für diesen Augenblick"; eigens zu diesem Zweck; auch im Sinne einer spontanen Handlung, einer Improvisation, aus dem Stegreif gemacht.

Aliquid stat pro aliquo

Etwas steht für etwas

Alter ego

Ein zweites Ich

Anno Domini

Im Jahre des Herren

A priori

Von vornherein

Unabhängig von jeder Erfahrung gültig, bezogen auf Wahrheiten oder Glaubenssätze, ohne einen empirischen Nachweis dafür führen zu müssen.

Circulus vitiosus

Teufelskreis

Condicio sine qua non

Bedingung ohne welche nicht

Sinngemäß: Unerläßliche Bedingung,

Coram publico

Öffentlich

Corpus Delicti

Beweisgegenstand

Ursprünglich der „Körper des Verbrechens", also ein Leichnam, der erst auf das Verbrechen, die Tötung hinwies. In der Neuzeit wird es für jedes Objekt benutzt, mit dem ein Tathergang bewiesen werden kann.

Cum laude

Mit Lob

Curriculum Vitae

Lebenslauf

(kurz: C.V.)

De facto

Tatsächlich

Mit de facto wird ein Umstand benannt, der als weit verbreitet und allgemein anerkannt gilt, auch wenn er nicht durch entsprechende Institutionen formal als de jure festgelegt ist:

De jure

nach geltendem Recht

de jure bezeichnet einen rechtlichen Soll-Zustand, de facto einen tatsächlichen Ist-Zustand.

et cetera

und das übrige (und so weiter)

Ex definitione

Von der Definition hergeleitet

Expressis verbis

Mit ausdrücklichen Worten, wörtlich, ausdrücklich

Fac totum

Tue alles.
gemeint ist hier "ein Mädchen für alles".

Facit

Es macht, es tut
also das Endergebnis

Honoris causa

Ehrenhalber

In flagranti

auf frischer Tat

wörtlich „in loderndem (Zustand)" also während die Tat, das Vergehen, noch brennt, aktuell ist.

Laudatio

Lobrede

Loco citato

An [bereits] zitierter Stelle, am angeführten Orte

Modus operandi

Art und Weise des Handelns

Die Art und Weise, wie eine Person normalerweise agiert.

Nolens volens

Nicht wollend oder wollend

Wird im m Sinne von „gewollt oder ungewollt", „unfreiwillig", „wohl oder übel", „notgedrungen", „zwangsläufig" verwendet.

Noli me tangere.

Rühre mich nicht an.

Nomen est omen

Der Name deutet darauf hin.

Non plus ultra.

(Es gibt) nichts mehr darüber hinaus.

Nota bene

wohlgemerkt, übrigens…

Panem et circenses

Brot und Zirkusspiele

Juvenal

Pars pro toto

Ein Teil steht für ein Ganzes
wird in der Regel als rhetorische Figur verwendet

Passus

Schritt

(Absatz, Abschnitt eines Schriftstückes)

Per exemplum

Zum Beispiel

Perpetuum mobile

Unaufhörlich Bewegliches

sinngemäß: unaufhörlich ohne Antrieb laufende Maschine.

Persona non grata

Nicht geduldete Person

Pro forma

Der Form halber

Quod erat demonstrandum

Was zu beweisen war

Res publica

Das Gemeinwesen

(die Republik bzw. der Staat)

Salve!

Sei gegrüßt!

Status quo

Aktueller Zustand

Summa summarum

Die Summe aller Summen

Das hauptsächliche Ergebnis aus allem Vorherigen, meist verwendet im Sinne von: Alles in allem.

Totum pro parte

Das Ganze steht für einen Teil

Gegenbegriff zu „pars pro toto"

Vice versa

In umgekehrter Folge

Vox populi

Die Stimme des Volkes

Lernen

Omne initium difficile est.

Aller Anfang ist schwer.

Bonus vir semper tiro.

Ein guter Mensch bleibt immer ein Anfänger.

Martial

ein von Goethe unter seine »Reflexionen und Maximen« aufgenommener Spruch aus Martials Epigrammen (XII, 51), wo er im Zusammenhang bedeutet: »Ein guter Mensch wird leicht getäuscht, weil er immer unbefangen bleibt wie ein Kind«.

Cogito ergo sum.

Ich denke, also bin ich.

René Descartes

Cogito ergo zum ist der erste Grundsatz des Philosophen René Descartes, den er nach radikalen Zweifeln an der eigenen Erkenntnisfähigkeit als nicht weiter kritisierbares Fundament in seinem Werk *Meditationes de prima philosophia* (1641) formuliert und methodisch begründet.

Exercitatio artem parat.

Übung macht den Meister.

Nam quod in iuventus non discitur, in matura aetate nescitur.

Was man in der Jugend nicht lernt, lernt man im Alter niemals.

At tu, dum primi floret tibi temporis aetas, utere. Non tardo labitur illa pede!

Du, nütze die Zeit, noch blühen dir der Jugend Tage. Doch in raschem Schritt flieht sie dahin!

Tibull

Adde, quod ingenuas didicisse fideliter artes emollit mores nec sinit esse feros!

Edle Künste getreu zu erlernen macht sanft den Charakter und nimmt ihm die Wildheit!

Ovid

Beati monoculi in Terra caecorum.

Glücklich sind die Einäugigen im Land der Blinden

Dies diem docet

Ein Tag lehrt den anderen Tag.

Publilius Syrus

Animus impleri debet, non arca!

Der Geist, nicht die Kasse muss angefüllt werden!.

Seneca

Aiunt multum esse, non multa.

Man müsse vieles lesen, nicht vielerlei.

Plinius minor

Barba non facit philosophum.

Ein Bart macht noch lange keinen Philosophen.

Plutarch

Docendo discimus.

Durch Lehren lernen wir.

Bene docet, qui bene distinguit.

Gut lehrt, wer gut gliedert.

Libri amici, libri magistri.

Bücher sind Freunde, Bücher sind Lehrer.

Repetitio est mater studiorum.

Wiederholung ist die Mutter des Lernens.

Cassiodor

Plenus venter non studet libenter

Ein voller Bauch studiert nicht gern.

Hieronymus,

Per aspera ad astra

Durch Rauhes zu den Sternen

Sinngemäß: Durch Mühen und Schwierigkeiten zu Ruhm gelangen

Seneca,

Heiter

Carpe diem.

Genieße den Tag.

Horaz

Horas non numero nisi serenas.

Ich zähle nur die heiteren Stunden.
Inschrift an einer Sonnenuhr

Aquam foras, vinum intro.

Raus mit dem Wasser, rein mit dem Wein.
Petronius

Nunc est bibendum.

Nun muss getrunken werden

In vino veritas.

Im Wein liegt die Wahrheit.

Multae sunt causae bibendi.

Es gibt viele Gründe, zu trinken

Nunc vino pellite curas.

Nun vertreibt mit Wein die Sorgen.
Horaz

Ergo bibamus

Drum lasst uns trinken
Papst Martin IV

Carpe noctem.

Genieße die Nacht.

Praevalent inlicita.

Was verboten ist, hat seinen besonderen Reiz.

Tacitus

Alina Vita in oculis habemus, a ergo nostra.

Fremde Laster haben wir vor Augen, die unseren
im Rücken.

Seneca

Cibi condimentum fames est.

Der Speise Würze ist der Hunger
[Hunger ist der beste Koch].

Cicero

Gaudeamus igitur, iuvenes dum sumus

Also laßt uns lustig sein, solange wir jung sind.

Anfang eines Studentenliedes

Meum est propositum in taberna mori

Mein Vorsatz ist, in einer Taverne zu sterben.

Archipoeta, um 1160, Carmina Burana

Gewinn und Verlust

Qui audet adipiscitur

Wer wagt, gewinnt.

Alea iacta est.

Die Würfel sind gefallen.

Gaius Julius Caesar

Der Würfel ist gefallen! (Caesar am Rubikon, Januar 49 v. Chr.). Quellen: Sueton, Plutarch, Appian, Menander

Wörtlich übersetzt heißt der Spruch: "Der Würfel ist geworfen worden". Die traditionelle deutsche Übersetzung lautet: "Der Würfel ist gefallen" im Sinne von „Das Wagnis ist eingegangen, "Es gibt kein Zurück mehr". Der Ausspruch kann sich einerseits auf die nicht mehr rückgängig zu machende Gesetzesübertretung beziehen (der Würfel ist bereits hochgeworfen), andererseits auf den keineswegs garantierten Erfolg der Grenzüberschreitung (der Würfel kann auf jede Seite fallen).

Die bewaffnete Überquerung des Flusses in Richtung Süden – und damit in Richtung Rom – war gleichbedeutend mit einer Kriegserklärung an den Römischen Senat. Caesar war sich bewusst, dass es ab diesem Punkt kein Zurück mehr gab, was er in dem berühmten griechischen Zitat „ἀνερρίφθω κύβος" (wörtlich: „Hochgeworfen sei der Würfel", lateinisch sinngemäß: alea iacta est) zum Ausdruck brachte.

Ora et labora.

Bete und arbeite.

Male parta, male dilabuntur.

Übel Erworbenes geht übel zu Ende.
(Wie gewonnen, so zerronnen.)

Melius est prevenire quam preveniri.

Es ist besser, dass du zuvorkommst, als dass man
dir zuvorkommt.

Amat victoria curam

Der Sieg liebt die Vorbereitung.

Vivere est militare.

Leben heißt kämpfen.

Malum est consilium, quod mutari non potest!

Der Plan, den man nicht ändern kann, ist ein
schlechter Plan.

Publilius Syrus

Dimidium facti, qui coepit, habet

Die Hälfte des Werkes ist getan, wenn man ange-
fangen hat.

Horaz

Acti iudicundi labores

Arbeiten sind angenehm, wenn sie getan sind.

Cicero,

Fas est et ab hoste doceri.

Auch vom Feind lernen ist Recht.

Ovid

Veni vidi vici.

Ich kam, ich sah, ich siegte.

Gaius Julius Caesar

Fortes fortuna adiuvat

Den Tapferen hilft das Glück

Iucundi acti labores.

Erfreulich sind geleistete Anstrengungen.

Cicero

Geld

Pecunia non olet.

Geld stinkt nicht.

Vespasian

Auri sacra fames.

Verfluchter Hunger nach Gold.

Vergil

Aurea sunt vere nunc saecula, plurimus auro venit honor, auro concilatur amor.

Es herrscht nun wahrlich das Goldene Zeitalter, die meiste Ehre gehört dem Gold, mit Gold verschafft man sich Liebe.

Ovid,

Auro loquente omnis oratio inanis est.

Wenn das Gold redet, dann schweigt die Welt.

Avaritia prima scelerum mater.

Habsucht ist die Mutter aller Verbrechen.

Apud paucos post rem manet gratia

Haben sie die Dinge erhalten, sind nur Wenige dankbar.

Alii sementem faciunt, alii metent.

Was die einen säen, werden die Anderen ernten.

Magnum vectigal est parsimonia.

Sparen ist eine gute Einnahmequelle.

Cicero

Quare verbis parcam? Gratuita sunt.

Warum soll ich mit Worten sparen? Sie sind doch umsonst.

Seneca

Liebe

Ars amandi
Die Kunst des Liebens

Tempus fugit, amor manet.

Die Zeit vergeht, die Liebe bleibt.

Amor est pretiosior auro.

Liebe ist kostbarer als Gold.

Caritas omnia potest.

Nächstenliebe vermag alles.

Ama et fac quod vis.

Liebe und tu, was du willst.

Augustinus

Amantes amentes.

Liebende sind von Sinnen.

Terenz

Amor tollit timorem

Die Liebe nimmt die Furcht hinweg.

Omnia vincit amor

Die Liebe besiegt alles.

Vergil

Qui dare multa potest, multa et amare potest.

Wer viel geben kann, kann auch viel lieben.

Amor est parens multarum voluptatum.

Die Liebe ist die Mutter vieler Freuden.

Amantium irae amoris integratio.

Der Liebenden Streit, die Liebe erneut.

Invenit patella operculum.

Die Schale fand einen Deckel

Freundschaft

Amicitia vincit horas.

Freundschaft überdauert die Zeit.

Idem velle atque idem nolle ea demum firma amicitia est.

Das Gleiche und nicht das Gleiche zu wollen, darin ist die Freundschaft begründet.

Amicus optima vitae possessio.

Ein Freund ist das Beste im Lebens.

Praestat amicitia propinquitati

Freundschaft ist besser als Verwandtschaft

Cicero

Amicus fidus rarus est.

Ein treuer Freund ist selten.

Amicus certus in re incerta cernitur.

In unsicheren Zeiten erkennt man den sicheren Freund.

Cicero

Donec eris felix, multos numerabis amicos. Tempora si fuerint nubila, solus eris.

Bist du glücklich, ist die Zahl der Freunde groß.
Ziehen aber die Wolken auf, stehst du alleine da.

Ovid

Vide cui fidas

Schau, wem du vertraust!

Fehler und Irrtümer

Die Kalenderreform des Julius Caesar 46 v. Chr., kannte schon eine Schaltregel, die allerdings erst im Jahre 8 unserer Zeitrechnung von Augustus durchgesetzt wurde. Die Priesterschaft (Bild) hatte nämlich wegen eines Zählfehlers jedes dritte Jahr schon einen Schalttag eingesetzt.

Errare humanum est.

Irren ist menschlich.

Cicero

Nam vitiis nemo sine nascitur.

Denn kein Mensch wird fehlerfrei geboren.

Errare humanum est, in errore perseverare stultum.

Irren ist menschlich, im Irrtum verbleiben ist dumm.

Hieronymus

Bonitas stultitiaque sodales sunt.

Gutheit und Dummheit sind Gefährten.

Abyssus abyssum invocat.

Ein Fehler zieht den anderen nach sich.

Actio recta non erit, nisi recta fuerit.

Eine Handlung ist nicht richtig, wenn ihre Absicht
nicht richtig war.

Quod tibi fieri non vis, alteri ne feceris.

Was du nicht willst, das man dir tut, das füg' auch
keinem anderen zu.

Kaiser Alexander Severus

Politik

Avida est periculi virtus!

Tapferkeit sehnt sich nach Gefahr!

Seneca

Oderint dum metuant

Mögen sie (mich) hassen, solange sie (mich)
fürchten.

*Aus der Tragödie „Atreus" des Accius, später der
Wahlspruch des Kaisers Caligula.*

Corruptissima re publica plurimae leges.

Je verdorbener der Staat,
desto mehr Gesetze hat er.

Tacitus

Manus manum lavat

Eine Hand wäscht die andere

Duo cum faciunt idem, non est idem.

*Wenn zwei das Gleiche tun, ist es noch lange nicht
das Selbe.*

Divide et impera

Teile und herrsche.

Est modus in rebus, sunt certi denique fines,
quos ultra citraque nequit consistere rectum.

Es gibt ein rechtes Maß in allen Dingen, kurz, es
gibt bestimmte Grenzen. Und diesseits wie jenseits
liegt das Unhaltbare.

Horaz

Aut viam inveniam aut faciam.

Entweder ich finde einen Weg oder ich baue einen

Hannibals Reaktion auf die Mitteilung, man könne
die Alpen nicht mit Elefanten überwinden.

Deliberandum est saepe, statuendum est semel.

Überlegen muss man oft, entscheiden aber nur
einmal.

Publilius Syrus

Quis custodit custodes?

Wer bewacht die Wächter?

O dulce nomen libertatis

Oh süßer Name Freiheit!

Cicero

In dubio pro reo

Im Zweifelsfall (ist) zugunsten des Angeklagten (zu entscheiden).

Grundsatz der römischen Rechtsprechung

Ars vivendi

Die Kunst des Lebens

Ignoramus, ignorabimus.

Wir wissen es nicht, wir werden es nicht wissen.

Ars longa, vita brevis.

Die Kunst ist von Dauer, das Leben kurz.

O vita, misero longa, felici brevis.

Oh Leben, lang für den im Elend, kurz für den
Glücklichen.

Eheu, fucaces labuntur anni.

Ach, wie im Fluge vergehen die Jahre.

Horaz

Exigua pars est vitae qua vivimus. Ceterum quidem omne spatium non vita sed tempus est!

Nur in einem kleinen Teil des Lebens leben wir
wirklich. Die übrige Spanne ist nicht Leben, sondern das Verbringen von Zeit!

Seneca

Omnia mea mecum porto.

Alle meine Habe trage ich bei mir.

Cicero

Suum cuique.

Jedem das seine.

Cicero

Sol lucet omnibus.

Die Sonne scheint für alle.

Faber est suae quisque fortunae.

Jeder ist seines Glückes Schmied.

Appius Claudius Caecus

Audaces fortuna adiuvat

Den Mutigen hilft das Glück.

Vergil

De nihilo nihil

Aus nichts wird nichts.

Nihil fit sine causa.

Nichts geschieht ohne Grund

Accidit in puncto, quod non speratur in anno.

In einem Augenblick kann geschehen, was man sich in einem Jahr nicht erhofft hätte.

Caelum, non animum mutant, qui trans mare currunt.

Wer das Meer überquert, wechselt das Klima, nicht seinen Charakter.

Horaz

Accipere quam facere praestat iniuriam.

Unrecht erleiden ist besser als Unrecht tun.

Cicero

Acquam memente rebus in arduis, servare mentem.

Denke daran, in Schwierigkeiten Gleichmut zu bewahren.

Horaz

Compesce mentem.

Zügle deinen Groll! Bändige Deinen Unmut!

Horaz

Omne animal se ipse diligit.

Jedes Lebewesen liebt sich selbst.

Cicero

Vestis virum reddit.

Kleider machen Leute.

De gustibus non est disputandum.

Über Geschmack lässt sich nicht streiten.

Homo homini lupo.

Der Mensch ist dem Menschen ein Wolf.

Etiam tacere est respondere.

Schweigen ist auch eine Antwort.

Gesundheit

Aegroti salus suprema lex.

Das höchste Gesetz ist das Wohl des Patienten.

Facile omnes, cum valemus, recta consilia aegrotis damus.

Wir alle geben den Kranken leicht Ratschläge, solange wir selbst gesund sind.

Cessante causa cessat effectus.

Fällt die Ursache fort, entfällt auch die Wirkung.

Medicina vinci fata non possunt.

Das Schicksal kann keine Krankheit besiegen.

Aegroto, dum anima est, spes est.

Für den Kranken besteht Hoffnung,
solange er atmet.

Cicero

Pars sanitatis velle sanari fuit.

Ein Teil der Heilung war schon immer geheilt werden zu wollen.

Seneca

Mens sana in corpore sano

Eine gesunder Geist in einem gesunden Körper

Medicus curat, natura sanat.

Der Arzt kuriert und die Natur heilt.

Hippokrates v. Kós

Medicus nihil aliud est quam animi consolatio.

Ein Arzt ist niemand anderes, als ein Seelentröster.

Medice cura te ipsum.

Arzt, heile dich selbst.

Medicina vinci fata non possunt.

Durch Medizin kann das Schicksal nicht geheilt werden.

Der Tod

Memento mori.

Bedenke, dass du sterblich bist.

Persius

Quem dei diligunt, adulescens moritur.

Wen die Götter lieben, den lassen sie jung sterben.

Plautus

Mors certa, hora incerta.

Der Tod ist gewiß, die Stunde nicht.

Contra vim mortis non est medicamen in hortis.

Gegen die Gewalt des Todes gibt es kein Heilkraut
in den Gärten.

Schule von Salerno

Requiescat in pace

Ruhe in Frieden.

Die Quellen

Lucius Annaeus **Seneca,** geb. etwa im Jahre 1 in Corduba; † 65 n. Chr. in der Nähe Roms), war ein römischer Philosoph, Dramatiker, Naturforscher, Politiker und als Stoiker einer der meistgelesenen Schriftsteller seiner Zeit. Seine Reden, die ihn bekannt gemacht hatten, sind verloren gegangen.

Decimus Iunius **Iuvenalis** war ein römischer Satirendichter des 1. und 2. Jahrhunderts.

Seine genauen Lebensdaten sind nicht bekannt. Er stammte wahrscheinlich aus Aquinum. Man vermutet ein Geburtsjahr um 60 (58?) und ein Todesjahr einige Jahre nach 127 (138?). Nicht gesichert ist etwa die Nachricht, Juvenal sei verbannt worden, nachdem er Spottverse gegen einen von Domitian protegierten Tänzer veröffentlicht habe. Verbannungsort war möglicherweise eine ägyptische Garnison, die er wohl nach einer Begnadigung durch Nerva wieder verlassen durfte.

Vermutlich hat erst der Tod des Domitian 96 n. Chr. ihm die benötigte Freiheit zur Meinungsäußerung gegeben; seine Schaffensphase dürfte hauptsächlich in die Zeit Hadrians fallen, an den sich seine siebte Satire wendet.

Marcus Valerius Martialis (deutsch **Martial**, geb.1. März 40 n. Chr. in Bilbilis; gest. 103/104 n. Chr. ebenda) war ein römischer Dichter, der vor allem für seine Epigramme bekannt ist.

Er besuchte eine Rhetoriker- und Grammatikerschule, dort entdeckte er sein literarisches Talent. Zwischen 63 und 64 n. Chr. ging er nach Rom und lebte dort zunächst in eher ärmlichen Verhältnissen. Anfang der 80er Jahre n. Chr. setzt die von uns nachvollziehbare literarische Produktion ein, die ungefähr bis ins Jahr 102 n. Chr. reicht.

René **Descartes** wurde als drittes Kind einer kleinadeligen Familie der Touraine geboren. 31. März 1596 in La Haye en Touraine; † 11. Februar 1650 in Stockholm) war ein französischer Philosoph, Mathematiker und Naturwissenschaftler.
Descartes gilt als der Begründer des modernen frühneuzeitlichen Rationalismus,

Albius Tibullus (deutsch **Tibull**, geb. um 55 v. Chr.; gest. 19/18 v. Chr.) war ein römischer Elegiker der augusteischen Zeit.

Tibull entstammte einer wohlhabenden römischen Ritterfamilie. Ovid erwähnt eine Schwester und eine Mutter, die den Dichter überlebten. Die fehlende Erwähnung des Vaters lässt darauf schließen, dass dieser früh starb. Tibull muss um 19/18 v. Chr. gestorben sein, denn ein Nachruf des Dichters Domitius Marsus gilt zugleich dem im Jahre 19 v. Chr. verstorbenen Vergil und dem Tibull. Das Epigramm bezeugt ebenso, dass Tibull jung starb.

Publius Ovidius Naso (deutsch **Ovid**, geb. 20. März 43 v. Chr. in Sulmo; gest. wohl 17 n. Chr. in Tomis) war ein antiker römischer Dichter. Er zählt in der römischen Literaturgeschichte neben Horaz und Vergil zu den drei großen Poeten der klassischen Epoche.[1] Ovid schrieb in einer Frühphase Liebesgedichte, in einer mittleren Phase Sagenzyklen und in einer Spätphase Klagelieder.

Ovids gut erhaltenes Werk hat sich in das kulturelle Gedächtnis der Nachwelt tief eingeprägt; hier ist vor allem sein Hauptwerk, die *Metamorphosen*, zu nennen.

Publilius Syrus (Vorname und Lebensdaten unbekannt) war ein römischer Mimen-Autor im 1. Jahrhundert v. Chr.

Nach Plinius dem Älteren stammte Publilius Syrus aus Antiochia und kam als Sklave nach Rom. Den Namen Publilius erhielt er nach seinem letzten Herrn, der ihn freiließ. Nach seiner Freilassung hatte er mit seinen literarischen Mimen, in denen er auch selbst als Schauspieler auftrat, großen Erfolg in den Städten Italiens.

Gaius **Plinius** Caecilius Secundus, lateinisch **Plinius minor**, geb zwischen 25. August 61 und 24. August 62 in Como, Oberitalien; gest. um 113 oder 115 wahrscheinlich in der Provinz Bithynia et Pontus.

Plinius war Anwalt und Senator in der römischen Kaiserzeit unter den Herrschern Domitian, Nerva und Trajan. Wie sein Onkel, der Naturforscher Plinius der Ältere, ist er für die Nachwelt vor allem wegen seines teilweise überlieferten schriftstellerischen Werkes, hauptsächlich der Briefe, bedeutsam geblieben

Plutarch, geb. um 45 in Chaironeia; gest. um 125, war ein antiker griechischer Schriftsteller. Er verfasste zahlreiche biographische und philosophische Schriften, die seine umfassende Bildung und Gelehrsamkeit zeigen. Sein bekanntestes Werk, die Parallelbiographien, stellt jeweils die Lebensbeschreibung eines Griechen und eines Römers vergleichend einander gegenüber.

Durch die Vergleiche versuchte Plutarch das Gemeinsame und Allgemeingültige herauszuarbeiten und dem Leser die Gleichrangigkeit der historischen Leistungen von Griechen und Römern vor Augen zu stellen. Als Philosoph bekannte er sich zur Tradition des Platonismus.

Cassiodor, lateinisch Cassiodorus, geb. um 485 in Scylaceum, Bruttium; gest. um 580 im Kloster Vivarium bei Scylaceum, war ein spätantiker römischer Staatsmann, Gelehrter und Schriftsteller. Der Urgroßvater, der Großvater und auch der Vater, die alle ebenfalls Cassiodorus hießen, bekleideten – wie später er selbst – hohe Staatsämter. Ein Fragment aus einem verlorenen Werk Cassiodors, das so genannte *Anecdoton Holderi*,[1] beschreibt in knapper Form seinen Werdegang.

Horaz, geb. 8. Dezember 65 v. Chr. in Venusia; gest. 27. November 8 v. Chr.), ist einer der bedeutendsten römischen Dichter der Augusteischen Zeit. Seine philosophischen Ansichten und *dicta* gehörten bis in die Neuzeit zu den bekanntesten des Altertums. Horaz trieb die klassische Literatur seiner Zeit auf neue Höhen.

Titus **Petronius** Arbiter, geb. um 14 n. Chr.; gest. 66 n. Chr.in Cumae. war ein römischer Senator und der Autor des satirischen Romans *Satyricon*. Das Cognomen *Arbiter* erwuchs aus seiner Bezeichnung als Neros *Arbiter Elegantiae*, „Schiedsrichter des feinen Geschmacks".

Laut Tacitus verbrachte Petronius den Tag im Schlaf, die Nacht in Geschäften. Obwohl er einen mit großem Aufwand betriebenen Müßiggang trieb, galt er nicht als Verschwender, sondern als gebildeter Kenner feiner Genüsse. Seine lockeren Sprüche wurden ihm als Aufrichtigkeit angerechnet.

Publius Cornelius **Tacitus**, geb um 58 n. Chr.; gest. um 120, war ein bedeutender römischer Historiker und Senator. Über Tacitus' Leben existieren nur verstreute Zeugnisse von ihm selbst oder von seinen

Zeitgenossen, vor allem vom jüngeren Plinius, in dessen Briefesammlung Tacitus der häufigste Adressat ist. Tacitus galt als einer der bedeutendsten Redner seiner Zeit.

Marcus Tullius **Cicero**, ge, 3. Januar 106 v. Chr. in Arpinum; gest. 7. Dezember 43 v. Chr. bei Formiae, war ein römischer Politiker, Anwalt, Schriftsteller und Philosoph, der berühmteste Redner Roms und Konsul im Jahr 63 v. Chr.

Cicero war einer der vielseitigsten Köpfe der römischen Antike. Seine Werke wurden als Muster einer vollendeten, „goldenen" Latinität nachgeahmt. Seine Bedeutung auf philosophischem Gebiet liegt in erster Linie nicht in seinen eigenständigen Erkenntnissen, sondern in der Vermittlung griechischen philosophischen Gedankenguts an die lateinischsprachige Welt;

Gaius Iulius **Cäsar**; geb. 13. Juli 100 v. Chr. in Rom; gest. 15. März 44 v. Chr. ebenda) war ein römischer Staatsmann, Feldherr und Autor, der maßgeblich zum Ende der Römischen Republik und zu ihrer späteren Umwandlung in eine faktische Monokratie beitrug.

Nach seiner Ernennung zum Diktator auf Lebenszeit fiel er einem Attentat zum Opfer.

Caesar wurde am 15. März 44 v. Chr. von einer Gruppe Senatoren während einer Senatssitzung mit 23 Dolchstichen ermordet. An der Tat waren ca. 60 Personen beteiligt. Marcus Tullius Cicero, politisch ein Gegner Caesars, aber an der Verschwörung nicht beteiligt, war Zeuge der Tat und schrieb später in einem Brief, dies sei das gerechte Ende eines Tyrannen gewesen.

Vespasian, geb. 17. November 9 in Falacrinae; gest. 23. Juni 79 in Aquae Cutiliae, war vom 1. Juli 69 bis zu seinem Tod römischer Kaiser. Er konnte den Bürgerkrieg und die Auseinandersetzungen um das Kaiseramt im Vierkaiserjahr 69 n. Chr. für sich entscheiden und wurde der erste römische Kaiser aus der flavischen Dynastie.

Vespasian war ein Realpolitiker. Während seiner zehnjährigen Herrschaft gelang es ihm, das Reich sowohl politisch als auch finanziell zu stabilisieren. Aufgrund seiner militärischen Erfahrungen geschickter Propaganda und eines ausgleichenden Verhältnisses zum Senat war er ein beliebter und erfolgreicher Kaiser.

Publius Vergilius Maro, deutsch gewöhnlich **Vergil**, geb. 15. Oktober 70 v. Chr. bei Mantua; gest. 21. September 19 v. Chr. in Brindisi, war ein römischer Dichter und Epiker, der während der Zeit der Römischen Bürgerkriege und des Prinzipats des Octavian lebte. Er gilt als wichtigster Autor der klassischen römischen Antike. Vergil zählte bereits unter Zeitgenossen zu den bekanntesten Dichtern der „augusteischen Literatur".

Augustinus von Hippo, meist aber ohne Zusatz *Augustinus*, geb. 13. November 354 in Tagaste; gest. 28. August 430 in Hippo Regius, war ein römischer Bischof und Kirchenlehrer.

Seine kritischen Schriften gegen konkurrierende christliche Sekten und polytheistische Glaubensvorstellungen, Antijudaismus, der Glaube an gerechte Gotteskriege und eine körperfeindliche Sexualethik wirkten bis zur Neuzeit nach.

Publius Terentius Afer, auf Deutsch **Terenz**, geb. zwischen 195 und 184 v. Chr. in Karthago; gest. 159 oder 158 v. Chr. in Griechenland, war einer der berühmtesten Komödiendichter der römischen Antike. Von Terenz sind insgesamt sechs Komödien erhalten, die zwischen 166 und 160 v. Chr. aufgeführt wurden.

Hippokrates von Kos, geb. um 460 v. Chr. auf Kos, gest. um 370 v. Chr. in Larisa, Thessalien, war ein griechischer Arzt und Lehrer. Er gilt als der berühmteste Arzt des Altertums, dessen Schule die Theorie von vier Körpersäften lehrte, und gilt als Begründer der Medizin als Wissenschaft, insbesondere als auf Beobachtungen und Beschreibung von Krankheitssymptomen fußender Erfahrungswissenschaft.

Aulus **Persius** Flaccus, geb. 4. Dezember 34 in Volterra; gest, 24. November 62, war ein römischer Dichter etruskischer Abstammung.

In seinen Werken, Dichtungen und Satiren lehrte Persius die stoische Lebensweisheit und kritisierte zeitgenössische Missstände. Seine Werke wurden nach seinem Tod vom Philosophen Lucius Annaeus Cornutus herausgegeben und waren bis ins Mittelalter populär.

Titus Maccius **Plautus**, geb. um 254 v. Chr. in Sarsina; gest. um 184 v. Chr. war ein römischer Dichter. Er war einer der ersten und produktivsten Komödiendichter im alten Rom.

Plautus wurde in dem kleinen apenninischen Bergdorf Sassina geboren. Als Jugendlicher schloss er sich einer der umherziehenden Theatertruppen an. Dann wurde er römischer Soldat, später Kaufmann. Dabei verlor er sein Geld und musste sich als wandernder Handmüller durchschlagen, so berichten antike Viten. Wie viel davon wahr ist, lässt sich nicht mehr feststellen.

Capt. Swings
geheime Bibliothek

wird nach und nach von einem Team begeisterter Forscher sorgsam gehoben, gesichtet und der Öffentlichkeit zugänglich gemacht. In einem Labyrinth verworrener Gänge, über mehrere Stockwerke verteilt an einem geheimen Ort ruhen Bände über Bände voll Staub und des Wissens der Menschheit. Niemand kann sagen, was uns als nächstes begegnet. Denn eines ist sicher: Eine Ordnung gibt es nicht.

Der Duft von frischem Brot…
der erste Biss in die knusprige Brotkruste…
der luftig leicht gebackene Teig…
ein Genuss
…der leider bereits nach einem oder wenigen Tagen vorüber ist.

Meistens landet das alte Brot dann im Mülleimer. Wie schade.
Welche Verschwendung an Lebensmittel!

Ich möchte hier einige Möglichkeiten aufzeigen, wie man altes
Brot in köstliche Speisen verwandelt und somit auch noch Geld
spart.

Du kennst mich schlaff, du kennst mich rund, ich mache alle Feste bunt.

Jetzt hol tief Luft und pust´ mich auf, denn spielen kannst du mit mir auch!

Über 50 Spiele mit Ballons, für Geburtstagsfeiern, Gartenfeste, Sport und Spass.

Das über 3000 Jahre alte chinesische Orakelbuch in einer leicht verständlichen Sprache nach den Aufzeichnungen der Witwe Cheng aus dem frühen 19. Jahrhundert.

Lange verschollen und zu unserer Freude wieder entdeckt in der geheimen Bibliothek von Captain Swing.

Selbst gemachter Likör ist immer ein wundervolles Geschenk aus der Küche, welches von Herzen kommt! Ob als Dankeschön für liebe Menschen, als kleines Präsent an Festtagen oder als herzliches Mitbringsel zu einer Einladung.

Etwas Selbstgemachtes löst immer Rührung in den beschenkten Mitmenschen aus.

Auf der Party, in der Kneipe, am Arbeitsplatz, im Warte-
zimmer, beim Friseur, überall, wo man Zeit hat und sonst
schon alles gesagt wurde, dort finden sie Verbreitung: Die
modernen Märchen, urbane Legenden, Geschichten die
zu schön sind um nicht wahr zu sein. Jeder weiß sie um
zwei Ecken, nur die guten Erzähler haben sie wirklich
selbst erlebt oder zumindest aus erster Hand. Ich schwör.

Die 40 besten Rezepte

Bruschetta war in früheren Zeiten ein „Arme-Leute-Essen"
und ist ein italienisches Antipasti.
Es gibt unzählige Variationsmöglichkeiten von einfach bis
extravagant, von traditionellen bis hin zu Gourmet-Cros-
tinis.

…und das ist erst der Anfang.